그림으로 보는 영단어 사용설명서

WORD PICTURE

오영일 지음

도서출판
청어

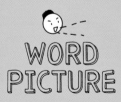

WORD
PICTURE

단어,
왜
외우려고 하십니까?

그래야
문장을 만들고
말할 수 있겠죠

그럼 문장을 만들고 말할 수 있도록 제대로 배워보겠습니다.

기존의 딱딱한 문법이 아닌,

그림을 통해 실제 상황 속으로 들어가

직접 그 단어의 쓰임을 체험해 보겠습니다.

자, 그럼 이제
시작해 볼까요?

저자 **오영일**

같은 듯 다른 듯 너무나 헷갈렸던 영어 단어들, 이제야 속 시원하게 해결이 되었어요. 영어를 할 때 이 단어를 써야 하는지 저 단어를 써야 하는지 몰라서 항상 내적 갈등을 겪으며 찍어서 말했던 제가, 이제는 당당하고 자신 있게 말하게 되었습니다.

디자이너_김선혜

대한민국에서 이런 영어책을 낸다는 것은 정말 쉽지 않은데, 와일드한 그림에 직접 설명해주는 음원과 네이티브 음성도 있고 마지막에 에피소드까지! 마치 영화를 보는 듯했어요. 영어 공부하는 친구한테 꼭 선물해 주고 싶은 책이에요.

영문과 대학생_유수종

웬만한 영어 공부는 다 해봤다고 생각했는데, 막상 영어로 표현하고 싶은 게 있을 때 떠오르지 않더라고요. 『워드픽처』는 저 같은 사람을 위한 책 같아요. 그림과 같이 그냥 읽기만 해도 머릿속에 쏙쏙 들어오는 데다가, 한 가지 단어로 여러 상황이 표현되어 있어서 실생활에서 사용하기 좋은 책이거든요.

연구원_이가희

애매하고 혼동됐던 단어들이 그림과 예문을 통해 직관적으로 단어가 와닿아요. 단어 사용에 자신감을 업! 『워드픽처』 너무 기대됩니다.

직장인_이정하

컬러풀한 색상과 한눈에 쏙 들어오는 귀여운 그림으로 한 번 더 눈길이 가는 책이네요. 책 한 권만으로 선생님의 수업을 듣는 효과까지 있으니 일석이조예요. 그림과 함께 재미있게 표현된 내용으로 지루하지 않아서 책에 계속 손이 가요. 역시 501 선생님만의 센스가 보이는 책입니다.

직장인_ 김혜연

운동만 하다가 영어공부를 뒤늦게 시작했는데, 다른 책들에 비해 『워드픽처』는 그림으로 쉽게 설명되어 있어서 이해가 정말 잘 되더라고요. 영어 공부하기에 늦었다고 생각했는데 늦은 게 아니더라고요. 이 책으로 공부하니 실력이 쭉쭉 올라가는 게 느껴집니다. 왠지 외국인 회원들과 자연스럽게 이야기할 수 있을 거 같습니다.

파이터_ 라인재

영어! 너무 어렵게만 생각하고 평생 고민할 숙제였는데, 이제는 힘들게 외우려고 하지 않아도 정말 쉽고 창의적이게 배울 수 있을 것 같아요! 센스 있는 그림이 한눈에 들어오니 지루하지 않고 오래오래 공부할 수 있을 것 같아요!

대학생_ 박영주

이 책을 알기 전까지는 짧게 쓸 때는 'will', 길게 쓸 때는 'be going to'로 쓰이는지 알았습니다. 그러나 뜻이 같은 단어도 상황에 따라 다르게 쓰인다는 사실을 재미있고 알기 쉽게 표현된 그림과 함께 익히게 되니 단어만 달달 외우고, 나만 아는 단어가 아닌 내가 표현할 수 있는 단어가 많아졌다는 사실에 기쁩니다.

직장인_ 김수진

 체험단 리뷰

세상에! 이런 단어 책은 처음이에요. 신기하게 머릿속에 쏙쏙! 헷갈리는 단어들을 쉽게 한 번에 정리해주고 책에 있는 단어들과 표현만 알아도 영어 회화는 No problem! 특히 큐알 코드 찍어서 하는 테스트 버전 완전 좋아요. 유학을 준비하는 분들께 꼭 추천합니다.

유학준비생_ 조수민

Oh, My God! 충격적이네요. 아리송했던 단어들이 그냥 제 머릿속에 자연스럽게 스며들고 있어요. 그림과 함께 단어를 보니까 한 번 봤을 뿐인데도 계속 기억에 남게 돼요. 비슷한 줄 알았던 단어들을 이제는 확실히 구분하여 사용할 수 있게 되었고, 그 단어로 사용할 수 있는 회화 문장까지 있으니 잊으려야 잊을 수가 없을 지경입니다.

직장인_ 이병훈

헷갈리는 단어들을 지루한 글로 된 설명이 아닌, 재미있는 그림과 설명으로 볼 수 있어 한 번 보면 눈에 쏙! 머리에 쏙! 단어 책의 새로운 혁명 『워드픽처』!

해외여행 준비자_ 조정민

학생 때 단어는 무작정 외우기로 공부했더니, 단어는 알겠는데 비슷한 뜻들이 많아서 어떤 상황에 어떤 단어를 써야 할지 몰랐어요. 하지만 이 책은 단순하지만 명쾌한 설명의 그림으로 이해하기 쉽네요. 예문도 많이 넣어주셔서 실용성 있게 쓸 수 있을 것 같아요! 단어와 회화를 함께 공부할 수 있는 책! 추천합니다!

호텔리어_ 유문경

기존의 영어 단어 책들은 딱딱하고 재미없는 문장, 일상생활에서 잘 안 쓸 것 같은 예문들 뿐이지만, 『워드픽처』는 일상생활에서 자주 쓰일 것 같은 예문들과 뜻이 비슷한 단어 중에 어떤 단어를 써야 자연스러운지에 대해 이해하기 쉽게 쓰여 있어서 머릿속에 콕콕 들어왔어요!

대학생_ 고세연

처음 딱 봤을 때 전혀 영어교재 같지 않고, 편하게 접근할 수 있어서 좋은 것 같아요. 이 교재는 발음을 녹음해놓은 파일을 함께 들을 수 있다는 것이 정말 큰 장점이 아닐까 싶습 니다. 그리고 같은 뜻을 가진 단어들을 제가 지금까지 정확히 사용하지 못했다는 사실을 이 책을 보고 깨달았네요. 영어가 실제로 자신이 사용할 수 있는 언어가 되는 데 정말 큰 도움이 돼 주는 책이라고 생각됩니다.

싱어송라이터_ 김예슬

백날 단어만 달달 외워봤자 이 책 한번 읽는 거 못 따라옵니다. 한국인의 영어회화 실력 향상에 큰 힘이 될 것 같습니다.

몽상가_ 이근혜

저는 『워드픽처』를 보고 정말 많이 놀랐어요. 왜냐하면 학교 다닐 때부터 중간고사, 기말 고사에 단골로 출제됐던 구분하기 어려워서 항상 틀리던 단어들이 재미있는 그림으로 나 오는데, 각각 그림과 자세한 예문을 들어서 이해하기 쉽게 설명된 귀여운 단어 책이더라 고요. 다시 한 번 그때 그 시절로 돌아간다면 절대로 틀리지 않을 것 같아요.

댄서_ 이향희

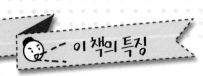

이 책의 특징

1. 그림만 보아도 학습이 가능하다

그림만 보아도 단어의 차이와 쓰임새를 한눈에 알 수 있다는
것이 『워드픽처』의 가장 큰 특징입니다.

2. 특허 받은 콘텐츠 디자인

저자 오영일 선생님의 『워드픽처』는 디자인
특허를 받았으며, 여러 방송 매체를 통해서
이미 효과가 검증된 학습법입니다.

3. 저자가 직접 읽어준다

시작하는 각 파트마다 있는 QR코드를 찍으면 언제 어디서나
저자의 목소리를 생생하게 들을 수 있습니다.

4. 영어공부의 필수 아이템

회화, 문법, 영작, 토익 등 영어를 공부하는 모든 학습자들의
필수 도서로 특히, 영어를 두려워하는 분들에게 적극 추천합니다.

✦저자의 목소리가✦
나와요!

say vs. speak 말하다? 연설하다?
be going to vs. will 계획성이 있다? 없다?

영어를 공부할 때 혼동되는 비슷한 의미의 수많은 단어들.
 단순히 문법적으로 설명한다고 해서 학습자들이 그 단어의 차이를 정확히 알고
적절하게 사용할 수 있을까? 라는 호기심이 결국 새로운 결심을 불러일으켰습
니다.

"생활 속 혼동되는 단어를 다양한 상황을 통해
 직접 체험할 수 있도록 보여주자!"

공감능력과 재미, 그리고 알맞은 예문이 함께하면 학습효과를 높인다는 것에
초점을 맞추고 단어를 각각의 상황에 맞게 재미있는 그림으로 표현하였습니다.

공감! 재미! 학습!

이 세 가지를 기반으로 기획기간만 3년.
일러스트와 매일 싸우고 끊임없이 연구하며 수천 번 시안을 수정하여 이 책을
만들게 되었습니다.

WORD PICTURE

PART 1 — 서로 이해하기

PART 2 이렇게 가까이에서

WORD PICTURE

3 PART   자세히 보아야 안다

당신이 좋아서 준비한 선물

☑ 435개의 관련 회화 표현 📖

일상생활에서 자주 쓰이는 필수 회화 표현을 통해
다시 한 번 단어의 사용방법을 정리할 수 있습니다.

☑ 회화 표현 트레이닝 음원 🎧

▶ 스마트폰으로 본문 위에 있는 QR코드를 찍으면
원어민이 직접 녹음한 음성을 두 번 반복해서 들을 수 있습니다.

▶ 만약 스피킹 테스트를 하고 싶다면
한국어와 영어 사이에 잠깐 비워둔 시간을 이용해
영어로 직접 말해보고 곧바로 원어민의 음성을 들으며 정답을 확인합니다.

☑ 콘텐츠와 관련된 생활 속 숨은 영단어 📖

누구나 한 번쯤은 들어본 외래어 또는 상표를 통해
공감뿐 아니라 단어의 쓰임을 정확하게 일깨워줍니다.

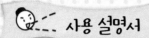

그림을 보면서 아래에 있는 **이야기**를 읽는다.

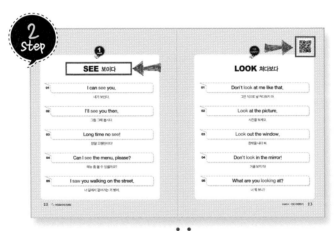

뒤에 나온 뜻과 실제 사용 **예문**으로 완벽히 습득하고
우측 상단 QR코드를 찍어 **네이티브 발음**까지 듣는다.

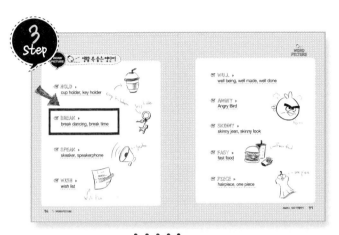

파트 끝 **생활 속 숨은 영단어**를 보며 확실히 정리한다.

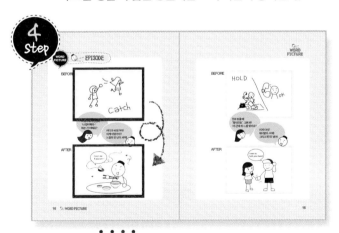

책 뒤의 **에피소드**를 통해 얼마나 공들여 만들었는지
소중함을 느끼며, 주변 사람들에게 **널리널리 알린다.**

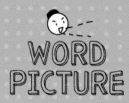

WORD
PICTURE

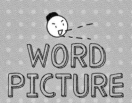

WORD
PICTURE

PART 1

◇저자의 목소리가◇
나와요!

서로
이해
하기

SEE

"네가 보인다."

건너편에서 손을 흔들고 있는 아리따운 여자친구.
사랑에 빠진 남자친구의 눈에 확! 들어오겠죠? 노력하지 않아도 자연스럽게 보일 때는 See!

LOOK

"적당히 좀 봐라, 진짜."

역시 예쁜 여자에게 시선이 가는 건 어쩔 수 없는 남자의 본능?
어떤 대상을 응시하거나 한 곳을 의도해서 볼 때는 Look!

SEE 보이다

01 **I can see you.**

네가 보인다.

02 **I'll see you then.**

그럼 그때 봅시다.

03 **Long time no see!**

정말 오랜만이다!

04 **Can I see the menu, please?**

메뉴 좀 볼 수 있을까요?

05 **I saw you walking on the street.**

너 길에서 걸어가는 거 봤어.

LOOK 쳐다보다

01 Don't look at me like that.

그런 식으로 날 쳐다보지 마.

02 Look at the picture.

사진을 보세요.

03 Look out the window.

창밖을 내다 봐.

04 Don't look in the mirror!

거울 보지 마!

05 What are you looking at?

너 뭐 보니?

CATCH

"잡을 수 있으면 잡아 봐."

맛있게 밥 먹고 있는데 파리들이 윙~ 윙~
결국 재빠른 젓가락질에 잡혔네요. 움직이는 물체를 순간적으로 잡을 때는 Catch!

HOLD

"너의 손을 잡고 싶어."

수줍어하는 여자친구에게 조심스레 손을 건네는 남자.
아마도 이 손 놓고 싶지 않겠죠? 이렇게 무언가를 쭈욱 잡거나 쥐고 있을 때는 Hold!

CATCH 순간적으로 확 잡다

01 **Catch me if you can.**

잡을 수 있으면 잡아 봐.

02 **It catches my eyes.**

내 시선을 사로잡는군요.

03 **I'll catch you up soon.**

곧 따라갈게.

04 **Where can I catch a taxi?**

택시 어디서 타요?

다른 사용법

05 **Be careful not to catch a cold.**

감기 조심하세요.

HOLD 지속적으로 쭉 잡다

01 I want to hold your hand.

너의 손을 잡고 싶어.

02 Hold on please.

잠시만 기다리세요.

03 Let me hold your bag.

내가 가방 들어줄게.

04 Could you hold the elevator for me?

엘리베이터 좀 잡아주시겠어요?

다른 사용법

05 Hold the onions, please.

양파는 넣지 마세요.

HEAR

"으으~ 정말 듣고 싶지 않아!"

시끌벅적한 이웃집 부부싸움. 듣고 싶지 않아도 들리는 다양한 소음은 정말 피할 방법이 없죠.
의도하지 않아도 자연스럽게 들린다면 Hear!

LISTEN

"나 음악 듣고 있어."

티셔츠를 보니 이 남자 록밴드 마니아? 헤드폰 소리에 눈감고 집중하는 걸 보니
음악에 흠뻑 취했군요. 어떤 소리를 의도해서 잘 들어야 한다면 Listen!

HEAR 들리다

01 I don't want to hear it!

정말 듣고 싶지 않아!

02 Can you hear me?

제 말 들리세요?

03 I'm sorry to hear that.

유감이군요.

04 I can't hear your voice.

너 목소리 안들려.

05 I heard you got married.

너 결혼했다며?

LISTEN 듣다

01 I'm listening to music.

나 음악 듣고 있어.

02 Listen to me.

내 말 좀 들어봐.

03 Are you listening?

듣고 있어?

04 Don't listen to them!

다른 사람들 말은 듣지 마!

05 Please listen carefully and answer the question.

잘 듣고 질문에 답하시기 바랍니다.

SAY

"다 같이 호오!"

무대 위에서 공연하고 있는 멋진 래퍼들과 그들의 한마디 한마디에 열광하는 마니아들.
무언가를 간단한 말로 표현할 때는 Say!

SPEAK

"조금만 더 천천히 말해주세요."

블라블라 엄청난 스피드로 말을 거는 외국인. 남자는 이미 유체이탈됐군요.
크게, 작게, 빨리, 천천히 뿐 아니라 언어를 말할 때는 Speak!

SAY 말하다

01 Say "Ho!"

다 같이 호오!

02 What did you just say?

방금 뭐라고 했어?

03 Say hello to your parents.

부모님께 안부 전해주세요.

04 I don't want to say goodbye.

난 헤어지고 싶지 않아.

05 I just want to say thank you.

감사하다는 말을 꼭 전하고 싶어요.

서로
이해하기

SPEAK 언어를 말하다

01 **Please, speak more slowly.**

조금만 더 천천히 말씀해주세요.

02 **Could you speak up, please?**

크게 말씀해 주실 수 있어요?

03 **Can you speak English?**

영어 할 줄 아세요?

04 **Can I speak to Mr. Hugh?**

휴와 통화할 수 있나요?

05 **I'm not good at speaking English.**

난 영어를 잘 못해.

TELL

Tell me about yourself, please.

"자기소개 해보세요."

대기번호 501번의 남자. 자신에 대해서 상대방에게 어떻게 말할지 궁금하네요.
누군가에게 정보를 알리거나 이야기를 전달할 때는 Tell!

TALK

"그럼 영화에 대해서 이야기를 나눠볼까요?"

사회자가 여배우에게 마이크를 넘기는군요. 어떤 대화가 이어질까요?
무엇에 대해 서로 이야기를 주고받을 때는 Talk!

TELL 이야기하다

01 Tell me about yourself, please.

자기소개 해 보세요.

02 I will tell you later.

나중에 얘기해줄게.

03 Please tell me in detail.

자세하게 얘기 해주세요.

04 Please tell the truth.

진실을 말해주세요.

05 Let me tell you something.

너한테 할 얘기 있어.

TALK 대화하다

01 **Let's talk about the movie.**

이제 영화에 대해 대화해 봅시다.

02 **We need to talk.**

우린 대화가 필요해.

03 **Don't talk nonsense.**

말도 안 되는 소리하지 마.

04 **I was talking on the phone.**

아까 통화하고 있었어.

05 **I want to talk with native speakers.**

난 원어민과 대화하고 싶어.

TRUST

"당신을 믿어요."

영화 〈타이타닉〉의 명장면 기억하세요? 남자를 믿고 위험한 난간에 올라서서
바람을 느끼는 여주인공. 사람과 사람 사이 신뢰 또는 믿고 의지할 때는 Trust!

BELIEVE

Do you believe in UFOs?

"당신은 UFO(존재)를 믿나요?"

세계 각지에서 다양한 UFO 목격사례가 나오고 있죠.
이처럼 현실적으로 보이지 않거나 증명되지 않은 것들에 대한 믿음이라면 Believe!

TRUST 신뢰하다

01 I trust you.

난 당신을 믿어요.

02 You don't trust me?

날 못 믿는 거야?

03 Don't trust anyone.

아무도 믿지 마.

04 How can I trust you?

너를 어떻게 믿어?

05 There is no one I can trust.

믿을 만한 사람 하나도 없다.

BELIEVE 존재를 믿다

01 **Do you believe in UFOs?**

당신은 UFO의 존재를 믿나요?

02 **Believe it or not.**

믿거나 말거나.

03 **Believe in yourself.**

네 자신을 믿어라.

04 **I can't believe that!**

난 믿을 수가 없어!

05 **Who would believe it?**

누가 그걸 믿겠어요?

HOPE

I hope you will like it.

"네가 좋아했으면 좋겠다."

남자친구가 깜작선물을 준비하며 선물을 받고 기뻐할 여자친구의 모습을 상상하고 있어요.
현실적으로 가능성이 높은 긍정적인 일을 바란다면 Hope!

WISH

I wish I were a bird.

"내가 새라면 얼마나 좋을까…"

라이트 형제는 어렸을 때부터 하늘을 훨훨~ 날아다니는 상상을 하며 꿈을 키웠죠.
가능성이 낮거나 불가능한 소망을 말하고 싶다면 Wish!

HOPE 희망하다

01 I hope you will like it.

네가 좋아했으면 좋겠다.

02 I hope to see you again.

다시 뵙기를 바랍니다.

03 I hope you have a good time.

좋은 시간 보내시길 바랍니다.

04 I hope everything is going well.

모든 일이 잘 되길 바랍니다.

다른 사용법

05 Don't get your hopes up.

너무 기대는 하지 마.

WISH 소망하다

01 I wish I were a bird.

내가 새라면 좋을 텐데.

02 As you wish.

네가 말하는 대로.

03 Don't you wish!

꿈도 꾸지 마!

04 I wish I were you.

내가 너라면 좋을 텐데.

05 I wish you a happy new year.

행복한 새해 되세요.

BORROW

"돈 좀 빌려줄 수 있어?"

친구에게 돈을 빌리는 남자. 친구의 주머니에 딱 보이는 돈!
빌려주지 않을 수 없겠죠? 상대방에게 무언가를 빌릴 때는 Borrow!

LEND

"내가 돈 빌려 줄게."

역시 남자는 의리죠. 친구를 위해 쿨 하게 돈을 빌려주는 이 남자.
상대방에게 무언가를 빌려줄 때는 Lend!

BORROW 빌리다

01 **Can I borrow some money?**

돈 좀 빌려 줄 수 있어?

02 **I don't like to borrow money.**

난 돈 빌리는 거 안 좋아해.

03 **Can I borrow your pen?**

펜 좀 빌릴 수 있을까요?

04 **I borrowed money from a friend.**

나 친구한테 돈 빌렸어.

05 **Let's not borrow trouble.**

사서 고생하지 말자.

50 Q ː WORD PICTURE

LEND 빌려주다

01 I'll lend you the money.

내가 돈 빌려줄게.

02 Lend me your hand.

나 좀 도와 줘.

03 Can you lend me a pen?

펜 좀 빌려 줄 수 있어?

04 Would you lend me a book?

책 좀 빌려 줄래요?

05 Lending money breaks up friendship.

돈을 빌려주면 우정에 금이 간다.

CHOOSE

Which do you choose, heads or tails?

"앞면과 뒷면, 선택하시죠?"

핑그르르~ 행운의 동전을 던진 남자. 살다보면 누구나 선택을 해야 할 경우가 생기죠?
자신의 판단에 의해 원하는 것 하나를 선택할 때 Choose!

SELECT

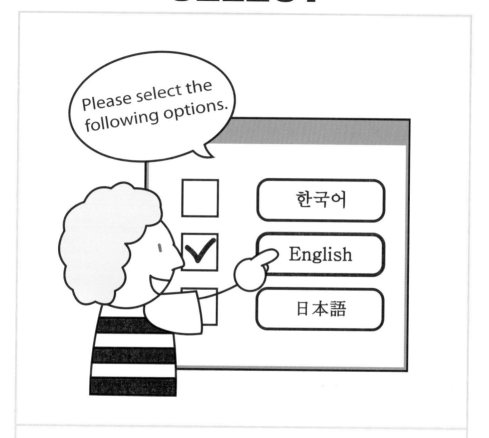

"다음 옵션을 선택하십시오."

안내 화면을 보고 있는 푸른 눈의 외국인 관광객. 당연히 모국어인 영어를 선택하겠죠?
어떤 종류의 것 중에서 최상의 하나를 고른다면 Select!

CHOOSE 원하는 것을 선택

01 **Which do you choose, heads or tails?**

앞면과 뒷면, 선택하시죠?

02 **You can choose freely.**

선택은 당신의 자유입니다.

03 **Choose between the two.**

둘 중 하나를 고르시오.

04 **You choose, I can't decide.**

네가 선택해, 난 결정 못 하겠어.

☑ 다른 사용법

05 **Choose your words carefully.**

말 조심해.

SELECT 최상의 것을 선택

01 **Please** select **the following options.**

다음 옵션을 선택하세요.

02 Select **the best words.**

가장 알맞은 단어를 선택하세요.

03 Select **a folder instead.**

폴더를 선택하세요.

04 Select **an item to view its description.**

설명이 필요한 항목을 선택하세요.

05 **You need to** select **your country or region.**

국가나 지역을 선택해야 합니다.

MISS

"아, 버스 놓쳤다."

차를 타기 위해 정말 열심히 달렸지만 결국 오늘 아침도 버스를 놓쳐버린 이 남자.
의도와는 상관없이 어쩔 수 없이 놓쳤을 때는 Miss!

SKIP

"(마음 속으로) 버스 보내야지."

데이트 중인 커플, 정말 헤어지고 싶지 않겠죠. 막차 같은데 남자는 버스에 타지 않는군요.
의도적으로 보내거나 건너뛸 때는 Skip!

MISS 놓치다

01 | **I just missed my bus.**

나 방금 버스 놓쳤어.

02 | **You miss the point.**

넌 요점을 놓쳤어.

03 | **You missed the boat.**

넌 기회를 놓쳤어.

04 | **Something is missing.**

뭔가 빠졌어.

05 | **Did I miss any calls?**

나한테 전화 온 것 없었어?

SKIP 건너뛰다

01 | I will skip the bus.

버스 그냥 보내야지.

02 | I often skip breakfast.

난 종종 아침을 걸러.

03 | Don't skip your meals.

식사 거르지 마.

04 | I'll skip the explanation.

설명은 생략하겠습니다.

05 | I want to skip the class today.

오늘은 수업 빠지고 싶다.

ANGRY

"나 화나게 하지 마라."

머리를 툭툭! 심상치 않은 분위기의 커플. 남자의 표정이 엄청나게 일그러져 있죠?
분노의 감정이 표정과 말투에 그대로 드러난다면 Angry!

UPSET

"음, 기분 언짢구먼."

낙엽이 날리는 거리를 홀로 걷던 모태 솔로. 눈앞에 닭살커플의 모습에 속에서 열이 부글부글.
표정에 드러나 있지 않아도 기분이 나쁘거나 불편하다면 Upset!

ANGRY 화난

01 **Don't make me angry.**

화나게 하지 마.

02 **Why is she angry?**

그 여자 왜 화났어?

03 **Are you still angry?**

아직도 화났어?

04 **I don't stay angry long.**

난 뒤끝이 없어.

05 **Why are you angry with me?**

왜 나한테 화가 난 거야?

UPSET 불편한

01 **I'm kind of upset.**

기분이 좀 불편하구만.

02 **You sound upset.**

너 당황한 것처럼 들려.

03 **So why am I so upset?**

그런데 내 마음이 왜 이렇게 불안하지?

04 **I shouldn't get upset, if I were you.**

내가 너라면 화내지 않을 거야.

☑ 다른 사용법

05 **My stomach is upset.**

속이 안 좋아.

LARGE

"이건 저한테 너무 커요."

자메이카 티셔츠 쇼핑 중인 하하. 그런데 한눈에 봐도 사이즈가 너무 커 보이네요.
실제로 보이는 것의 크기나 용량이 크거나 많다는 것을 말할 때 Large!

BIG

"난 능력자야."

양손 가득 부와 권력을 가진 남자. 단순히 눈에 보이는 것뿐 아니라 성공, 영향력, 중요도 등
보이지 않는 것의 거대함을 말할 때 Big!

LARGE 크기가 큰

01
It's too large for me.
이건 나한테 너무 커.

02
Ours is a large family.
우리 가족은 대가족입니다.

03
I need a size larger, please.
한 사이즈 큰 것으로 주세요.

04
Do you have a larger room?
더 큰 방 있어요?

05
Don't you have a large one?
더 큰 것은 없나요?

BIG 영향력이 큰

01 I'm a big man.

난 능력자야.

02 It's not a big deal.

별일 아니야.

03 He is a big success.

그는 크게 성공한 사람이야.

04 I'm a big fan of yours.

저는 당신의 열렬한 팬입니다.

05 Can I ask a big favor?

어려운 부탁 하나 들어주시겠어요?

SKINNY

He is terribly skinny.

"그는 비쩍 말랐어."

바람만 불어도 날아갈 듯한 이 남자.
날씬한 정도가 아닌 보기 흉할 정도로 깡마르거나, 비쩍 야윈 상태는 Skinny!

SLIM

She has a slim figure.

"그 여자는 몸매가 날씬해."

모두가 원하는 S 라인을 가진 그녀.
몸매가 좋아 보이는 날씬한 상태를 Slim!

SKINNY 깡마른

01

He is terribly skinny.

그 남자 너무 말랐어.

02

You are so skinny.

너 정말 말랐다.

03

She's kind of skinny.

그녀는 마른 편이야.

04

I used to be really skinny.

나도 전에는 엄청 말랐었어.

05

You're skinny enough already.

네가 뺄 살이 어디 있니?

SLIM 날씬한

01 **She has a slim figure.**

그녀는 몸매가 날씬해.

02 **You should slim down.**

체중 좀 줄이셔야겠군요.

03 **How do you keep slim?**

어떻게 그렇게 날씬하죠?

04 **You look very slim today.**

너 오늘 엄청 날씬해 보여.

다른 사용법

05 **I have a slim chance.**

난 가능성이 희박해.

WELL

"어서 좋아졌으면 좋겠구나."

병문안을 간 남자. 아파하는 친구의 상태가 하루빨리 좋아지길 바라고 있죠.
일반적으로 몸의 건강상태가 좋을 때면 Well!

GOOD

It looks good on you.

"정말 잘 어울린다."

빨간 원피스를 입은 여자친구. 거울에 비친 모습을 보니 정말 예쁘죠.
이처럼 보이는 것뿐 아니라 마음이나 감정이 좋다면 Good!

WELL 건강이 좋은

01

I hope you get well soon.

얼른 좋아졌으면 좋겠어.

02

You look well.

건강해 보인다.

03

You don't look well today.

오늘 안색이 안 좋아보여.

04

You will get well in a day.

하루만 지나면 좋아질 거야.

✅ 다른 사용법

05

Did you sleep well last night?

어젯밤엔 잘 잤어?

GOOD 보기에 좋은

01 It looks good on you.

정말 잘 어울린다.

02 I feel good today.

나 오늘 기분 좋아.

03 That sounds good.

그거 좋은데요.

04 I have good news and bad news.

좋은 소식과 나쁜 소식이 있습니다.

05 Are there any good restaurants near here?

근처에 괜찮은 음식점이 있나요?

A FEW

"난 친구 몇 명 있어."

소개해 줄 수 있는 사람은 까만 안경을 쓴 모범생과 뽀글뽀글 파마한 친구 달랑 두 명.
이 남자 친구들처럼 셀 수 있는 것들의 수가 적을 때는 A few!

A LITTLE

"물이 조금 있는데…"

미안해서 어쩔 줄 몰라 하는 남자. 아이고, 친구가 물을 찾는 줄도 모르고 거의 다 마셔버렸네요.
물처럼 셀 수 없는 것의 양이 조금 있을 때는 A little!

A FEW 셀수있는 조금

01 I have a few friends.

난 친구 몇 명 있어.

02 I have a few questions.

몇 가지 궁금한 게 있어요.

03 I have a few pages left.

몇 장 남았어요.

04 Can I have a few words with you?

잠깐 얘기 좀 할 수 있을까요?

05 I have to go out in a few minutes.

나 잠시 후에 나가야 해.

A LITTLE 셀 수 없는 조금

01 I have a little water.

난 물 조금 있어.

02 I had a little drink.

난 조금밖에 안 마셨어.

03 I have a little money.

난 돈 조금 있어.

04 It's a little cold in here.

여기 좀 춥네요.

05 Can I have a little more?

조금만 더 주시겠어요?

SLICE

"치즈 한 조각 드실래요?"

최고의 스위트 와인으로 손꼽히는 프랑스산 샤토 디켐과 치즈 한 조각을 한껏 음미중인 남자.
큰 덩어리에서 잘라낸 작고 얇게 썬 조각은 Slice!

PIECE

Would you like to have a piece of cake?

"케이크 한 조각 드실래요?"

한조각 한조각 예쁘게 진열되어 있는 먹음직한 케이크. 그냥 지나칠 수가 없겠네요.
큰 덩어리에서 자르거나 나눈 것의 한 부분은 Piece!

SLICE 얇게 썬 조각

01 **Would you like to have a slice of cheese?**

치즈 한 조각 드실래요?

02 **Put on a slice of ham.**

햄 하나를 얹으세요.

03 **Spread on a slice of bread.**

빵조각에 바르세요.

04 **Do you feel like grabbing a slice of pizza?**

피자나 한 조각 먹으러 갈래?

05 **I sure could use a slice of lemon for my tea.**

나 차에 레몬 한 조각을 넣어 마시면 좋겠어.

PIECE 두툼한 조각

01 Would you like to have a piece of cake?

케이크 한 조각 드실래요?

02 It's a piece of cake.

이건 누워서 떡 먹기야.

03 I want to chew on a piece of meat.

고기 한 점 먹고 싶다.

04 It's just a piece of the puzzle.

이건 단지 퍼즐의 일부분일 뿐이야.

05 I'd like to have a piece of cake.

케이크 한 조각 주세요.

FAST

"난 빨리 달릴 수 있어."

최선을 다해 달리고 있는 선수. 이대로라면 우사인 볼트도 따라잡을 수 있겠어요.
사람 또는 무언가의 움직임이 빠름을 말할 때는 Fast!

QUICKLY

"세월 참 빠르군."

아이를 보며 생각에 잠긴 할아버지. 인생이란 우리가 생각지도 못할 정도로 참 빠르게 흘러가죠.
움직임 뿐 아니라 시간의 빠름을 말할 때는 Quickly!

FAST 움직임이 빠른

01

I can run fast.

난 빨리 달릴 수 있어.

02

I'm a fast eater.

난 빨리 먹는 편이야.

03

Don't walk so fast.

빨리 걷지 마세요.

04

Don't drive so fast!

과속 운전하지 마세요!

05

Can't you go any faster?

더 빨리 갈 수 없나요?

QUICKLY 시간이 빠른

01 **Time passes so** quickly.

세월이 참 빠르네.

02 **Please reply** quickly.

속히 회신 바랍니다.

03 **Bad news travels** quickly.

나쁜 소문은 빨리 퍼진다.

04 **I hope you recover** quickly.

빨리 회복하시길 바라겠습니다.

05 **What can you serve** quickly?

빨리 나오는 음식은 뭐가 있나요?

BY

"9시까지 출근해야 되는데……."

넥타이가 휘날리도록 달리는 남자. 이런! 출근 시간까지 10분도 채 남지 않았네요.
정해진 때까지 어떤 행동을 한 번에 끝내야 하는 경우는 By!

UNTIL

"너 올 때까지 기다릴 거야."

집 앞에서 좋아하는 그녀가 나와 주길 하염없이 기다리는 남자. 왜 꼭 이럴 땐 비도 오고 추운지……. 정해진 때까지 어떤 행동을 계속 진행해야 하는 경우는 Until!

BY 정해진 때까지

01 I should go to work by 9 a.m.

난 9시까지 출근해야 돼.

02 Let's meet downtown by 12.

시내에서 12시에 만나자.

03 We must make a decision by tomorrow.

우린 내일까지 결정해야 해.

04 I cannot finish it by the end of this week.

그 일을 이번주까지 끝내는 것은 불가능해.

05 I must finish it by tomorrow no matter what.

하늘이 두 쪽 나도 그 일은 내일까지 끝내야 한다.

UNTIL 지속적 기간

01 I will wait until you come.

너 올 때까지 기다릴 거야.

02 I will sleep until 9 a.m.

난 9시까지 잘 거야.

03 I'll stay by your side until you sleep.

네가 잠들 때까지 계속 네 곁에 있을게.

04 I lived in the country until last year.

난 작년까지 시골에서 살았어.

05 Never put off until tomorrow what you can do today.

오늘 할 일을 내일로 미루지 마라.

SO MUCH

"너를 아주 많이 사랑해."

이 남자 정말 대단하네요. 온몸으로 하트 뿅뿅~ 여자가 웃지 않을 수 없겠죠?
과하지 않고 적당히 많은 것을 말할 때는 So much!

TOO MUCH

"이 남자, 말이 너무 많아."

말이 많아도 너무 많은 이 남자. 여자의 표정을 보니 더는 못 참을 것 같네요.
필요 이상으로 넘치거나, 많은 것을 말할 때는 Too much!

SO MUCH 아주 많은

01
I love you so much.

너를 아주 많이 사랑해.

02
I missed you so much.

나 너무 보고 싶었어.

03
Why do you worry so much?

왜 그렇게 걱정을 해?

04
Thank you so much for your support.

도와주셔서 많이 감사드립니다.

05
Thank you so much for coming today.

오늘 와줘서 정말 고마워.

TOO MUCH 과하게 많은

01 He talks too much.

그는 말이 너무 많아.

02 I'm sorry. I was too much.

미안해. 내가 너무 심했어.

03 This is way too much time.

이건 시간이 너무 많이 걸려.

04 I had too much to drink last night.

나 어젯밤에 과음 했어.

05 We spend too much time watching TV.

우린 TV를 보는 데 너무 많은 시간을 보내고 있어.

생활 속 숨은 영단어

☑ **HOLD** ▶
cup holder, key holder

cup holder

key holder

☑ **BREAK** ▶
break dancing, break time

☑ **SPEAK** ▶
skeaker, speakerphone

← Speaker

☑ **WISH** ▶
wish list

Wish list

✔️ **WELL** ▶
well being, well made, well done

✔️ **ANGRY** ▶
Angry Birds

Angry bird

✔️ **SKINNY** ▶
skinny jeans, skinny look

← Fast food

✔️ **FAST** ▶
fast food

✔️ **PIECE** ▶
hairpiece, one piece

← one piece

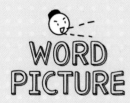
WORD
PICTURE

WORD PICTURE

PART 2

저자의 목소리가
나와요!

이렇게
가까이
에서

BATHROOM

"나 욕실에서 샤워하고 있어."

고급 와인 한 잔과 함께 거품 목욕으로 하루의 피로를 풀고 있는 남자.
집 안의 화장실처럼 욕조, 세면대, 변기가 갖춰진 곳은 Bathroom!

RESTROOM

"화장실 어딘지 아세요?"

참아보려 했는데…… 결국 지나가던 아리따운 그녀에게 화장실을 물어볼 줄이야.
빌딩이나 레스토랑 등 공공장소의 화장실을 말할 때는 Restroom!

BATHROOM 욕조가 있는 화장실

01 **I'm taking a shower in the** bathroom.

난 욕실에서 샤워하고 있어.

02 **Can I use your** bathroom?

화장실 좀 쓸 수 있을까요?

03 **Let me use the** bathroom.

화장실 좀 쓸게.

04 **I'm cleaning the** bathroom **now.**

나 지금 욕실 청소하고 있어.

05 **The** bathroom **is really a lot cleaner.**

화장실이 정말 깨끗해요.

RESTROOM 공공장소의 화장실

01 **Do you know where the restroom is?**

화장실 어디에 있는지 아세요?

02 **There's no one in the restroom.**

화장실에는 아무도 없어요.

03 **This restroom is for employees only.**

이 화장실은 직원 전용입니다.

04 **Is there a public restroom near here?**

이 근처에 공중화장실 있나요?

05 **I need a key to the women's restroom.**

여자 화장실 열쇠가 필요해요.

HOUSE

"여기가 우리 새 집이야."

자연을 담은 정원, 동화 속에서나 볼 것 같은 빨간 지붕의 집을 보고 정말 좋아하는 여자.
일반적으로 우리가 살고 있는 지붕과 벽이 있는 건축물은 House!

HOME

"귀국을 환영해요!"

공항에서 플랜카드를 들고 기다리는 남자. 저기 멋지게 성공해서 돌아온 그녀가 보이네요.
실제 살고 있는 집뿐만 아니라 보이지 않는 고향의 의미라면 Home!

HOUSE 주택

01 ## This is our new house.

우리의 새 집을 소개할게.

02 ## I'd love to buy a house.

집을 사려고 해요.

03 ## We moved into a new house.

우리는 새 집으로 이사했어.

04 ## Let me show you around my house.

저희 집을 구경시켜 드릴게요.

05 ## Is your house near where you work?

집은 회사에서 가까워요?

HOME 집

01 **Welcome home!**

귀국을 환영합니다!

02 **My home is your home.**

내 집이다 생각하고 편하게 있어.

03 **There is no place like home.**

집처럼 편한 곳은 없습니다.

04 **It's my home away from home.**

마치 내 집 같은 곳이야.

다른 사용법

05 **Where is your hometown?**

당신의 고향은 어딘가요?

STORE

Grocery Store

마켓에 나란히 진열된 상품들은 종종 충동구매를 일으키죠.
먹음직스러운 신선한 과일을 고르는 손님도 보이네요.
마켓처럼 물건들이 진열되어 판매되는 곳은 Store!

SHOP

커다란 거울을 통해 미용실의 모습이 보이는군요.
스타일리쉬한 디자이너 쌤에게 뽀글뽀글 파마 중인 우리 엄마.
무언가를 직접 만들어서 서비스하는 곳은 Shop!

STORE 물건이 진열된 가게

01 **Where is the drug store?**

약국은 어디에 있습니까?

02 **I'm trying to find a book store.**

서점을 찾으려 하는데요.

03 **Where is the department store?**

백화점이 어디에 있어요?

04 **I'm looking for a grocery store.**

잡화점을 찾고 있어요.

05 **What time does the store close?**

몇 시에 폐점 하나요?

SHOP 서비스 받는 가게

01 I'm running a flower shop.

저는 꽃가게를 운영하고 있습니다.

02 My car is at the repair shop.

내 차는 지금 정비공장에 가 있어.

03 I often go out to coffee shops.

난 커피숍에 자주 가.

04 Is there a coffee shop near the station?

역 근처에 커피숍 있나요?

05 I go to a beauty shop every one month.

난 한 달에 한 번 미용실에 가.

STREET

빌딩과 빌딩 사이로 보이는 살아있는 다운타운의 거리.
늘어선 가로등 그리고 음악을 듣고 있는 사람까지.
일반적으로 도시에서 볼 수 있는, 건물 사이에 사람들이 다니는 길은 Street!

ROAD

서부 영화에서 볼 듯한 광활한 도로와 삼켜버릴 듯한 로드 태양.
자, 그럼 이제 마음껏 달려볼까요?
차가 다닐 수 있게 건설한 크고 넓은 이동 경로는 Road!

STREET 거리

01 Go along this street

이 길을 따라 가세요.

02 Where is the main street?

번화가는 어디에요?

03 The street was very crowded.

그 거리는 인파로 붐볐다.

04 What's the name of this street?

이 거리의 이름이 뭐죠?

05 Do you like eating snacks in the street?

길에서 군것질하는 거 좋아하세요?

ROAD 도로

01   ## Let's hit the road.

길을 떠납시다.

02   ## We have a long road ahead.

우린 아직 갈 길이 멀어.

03   ## The road is under construction.

도로가 공사 중입니다.

04   ## Be careful. The road is very slippery.

길이 미끄러우니 조심하세요.

 다른 사용법

05   ## Keep your eyes on the road.

운전 중에는 한눈팔지 마세요.

CLASS

선생님이 분필까지 날리며 열강을 하고 있는데,
뒤에 있는 한 명은 까똑 하고 또 한 명은 졸고 있군요.
그룹으로 모여서 하나의 공통된 것을 배우는 수업은 Class!

LESSON

Piano lesson

예쁜 피아노 선생님께 레슨을 받고 있는 소년.
다리가 짧아 발이 닿을 듯 말 듯 애쓰고 있네요. 풋!
피아노나 기타 등 무언가를 전문적으로 배우는 수업은 Lesson!

CLASS 교실에서 듣는 수업

01 **There will be no test for this class.**

이 수업은 시험이 없을 겁니다.

02 **She is the best student in the class.**

그녀는 그 반에서 가장 모범생입니다.

03 **Why weren't you in class yesterday?**

너 어제 왜 수업에 안 왔어?

04 **We were in the same class at school.**

우리는 학교 동기야.

05 **How many people are there in a class?**

한 반에 몇 명이 있나요?

LESSON 전문적인 수업

01 I will take guitar lessons.

나는 기타 레슨을 받을 거야.

02 I don't remember my first lesson.

처음 레슨이 어땠는지 기억나지 않아.

03 I had piano lessons at an early age.

난 어렸을 때 피아노를 배웠어.

04 I'm taking dance lessons these days.

요즘 춤 교습을 받고 있어요.

다른 사용법

05 Let that be a lesson to you.

그것을 교훈으로 삼아라.

EXAM

I will pass my exam.

"난 시험에 꼭 통과할 거야."

교실에서 시험을 보고 있는 학생들. 이미 맨 뒤에 앉은 학생은 포기한 듯 연필을 굴리며 찍고 있네요.
일반적으로 학교에서 중요하게 보는 중간, 기말시험은 Exam!

TEST

"저 아이큐 테스트 봤어요."

풀었던 문제를 생각하고 있는 남자. 지금 책을 읽고 있는 여러분은 무엇이 정답이라고 생각하세요?
지식, 능력을 알아보는 시험뿐 아니라 의료적인 검사도 Test!

EXAM 학교 시험

01 **I will pass my exam.**

난 시험에 꼭 통과할 거야.

02 **I aced the exam.**

나, 만점 받았어.

03 **I passed my exam.**

나 시험 통과 했어.

04 **Final exams start today.**

기말고사가 오늘 시작됩니다.

05 **Don't cheat on the exam.**

커닝하지 마라.

TEST 지식 또는 능력 시험

01 I got an IQ test.

나, 아이큐 테스트 했어.

02 I took a blood test.

나 혈액 검사를 받았어.

03 They get DNA tests.

그들은 DNA 검사를 받습니다.

04 I passed my driving test!

나 운전면허 시험에 붙었어!

05 Do I have to take TOEIC test?

내가 꼭 토익을 봐야 해?

BREAK

"10분만 쉬었다 합시다."

수업 중에 가지는 짧은 휴식시간. 얼마나 좋았으면 뒤에 있는 여학생은 손까지 흔드네요.
잠깐 시간을 중단하거나 짧게 쉴 때는 Break!

REST

"많이 피곤해 보여 푹 쉬어."

남편이 꾸벅꾸벅 졸고 있군요. 푹 쉴 수 있도록 조용히 담요를 덮어주는 친절한 부인.
긴 시간의 휴식 또는 충분한 수면을 취할 때는 Rest!

BREAK 잠깐 쉬다

01 **Let's take a break for ten minutes.**

10분만 쉬었다 하죠.

02 **I need a break time.**

난 잠깐 쉬어야겠어.

03 **Time to take a break.**

휴식을 취할 시간이야.

04 **Give me a break, please.**

잠깐 쉴 시간 좀 주세요.

다른 사용법

05 **What a break!**

정말 운이 좋구나!

REST 푹쉬다

01
You look tired, get some rest.

너 피곤해 보여, 좀 쉬어.

02
I need to get some rest.

난 휴식이 필요해.

03
Just go home and get some rest.

집에 가서 푹 쉬어.

04
Why don't you go get some rest?

좀 쉬지 그래요?

다른 사용법

05
I will spend the rest of my life.

내 남은 인생 전부를 바칠 거야.

JOB

"일 그만 두고 싶다."

끝없는 업무와 야근에 시달리는 직장인. 쌓여가는 직장 생활 스트레스,
돈을 버는 것은 역시 쉽지 않죠. 돈을 벌기 위해 하는 일 또는 직업을 말할 때는 Job!

WORK

"휴, 집안 일이 너무 많아."

청소와 빨래 심지어 설거지까지… 할 일이 이렇게나 많은데 소파와 하나 된 남자.
돈 버는 일뿐 아니라 무언가를 달성하기 위해 노력하는 일은 Work!

JOB 직업

01 I want to quit my job.

일 그만 두고 싶다.

02 I have two jobs.

난 직업이 두 개야.

03 What is your job?

직업이 뭐예요?

04 I'm looking for a job.

일자리 찾고 있어요.

05 I just started my job a month ago.

이 회사에 취직한지 한 달 밖에 안 됐어.

WORK 일

01
I'm busy, I have a lot of work.

난 바빠, 할 일이 많거든.

02
I work for Google.

난 구글에서 일해.

03
I used to work for a bank.

난 은행에서 일했어.

04
How long are your work hours?

하루에 몇 시간이나 근무하십니까?

다른 사용법

05
I go to work by subway.

난 지하철로 출근해.

TRIP

"출장 갈 예정입니다."

서류가방에 캐리어까지 챙기고 공항을 찾은 걸 보니, 일 때문에 출장을 가나 보군요.
짧은 관광이나 어떤 특정한 목적을 위한 여행은 Trip!

TRAVEL

"세계 일주를 하고 싶다."

진정한 여행이란 여기저기 자유롭게 다니며 여유와 즐거움을 만끽하는 것 아닐까요?
장거리로 떠나거나 휴가처럼 편안한 여행은 Travel!

TRIP 목적이 있는 여행

01 I'm going on a business trip.

출장을 갈 예정이야.

02 Enjoy your trip.

즐거운 여행 되세요.

03 I will go on a backpacking trip.

배낭여행을 갈 거야.

04 What's the purpose of your trip?

여행 목적은요?

05 Do you want to take a trip this weekend?

이번 주말에 여행 갈래?

TRAVEL 장거리 여행

01 I want to travel around the world.

난 세계 일주를 하고 싶어.

02 I like to travel alone.

난 혼자 여행하는 것을 좋아해.

03 Do you like traveling?

여행 좋아하세요?

04 Have you ever traveled overseas?

해외여행을 가본 적이 있나요?

05 Can you recommend a good travel agency?

좋은 여행사 하나 추천해 주시겠어요?

CUSTOMER

"자기! 나 여기 단골이잖아."

마트의 단골 아주머니. 윙크까지 날려주시는 센스! 특별한 서비스라도 있는 걸까요?
식당의 손님이나 가게에서 물건을 구입하는 사람은 Customer!

CLIENT

This is my client.

"이쪽은 제 고객입니다."

2:8 가르마를 한 매력만점 고객을 회사 동료에게 소개를 해 주고 있어요.
회계사, 컨설턴트 등 전문가의 서비스를 이용하는 사람은 Client!

CUSTOMER 매장의 고객

01 **I'm a regular customer here.**

전 여기 단골손님이에요.

02 **A customer is king.**

손님은 왕이다.

03 **Are you a regular customer here?**

여기 단골이세요?

04 **Why don't you call customer service?**

고객 서비스센터에 전화하시지 그래요?

05 **I am not satisfied with the customer service.**

고객 서비스가 만족스럽지 않네요.

CLIENT 전문가의 고객

01 This is my client.

이쪽은 제 고객입니다.

02 I'm with a client right now.

지금 고객과 함께 있어요.

03 All I can do is protect a client.

제가 할 수 있는 일은 의뢰인을 보호하는 것입니다.

04 I'm having dinner with a client tonight.

오늘은 고객과 저녁 약속이 있습니다.

05 I'm going to meet with an important client tomrrow.

내일 중요한 의뢰인과 만날 예정입니다.

MANNER

"그 남자 매너가 참 좋아."

여자를 위해 의자를 빼주는 친절한 남자.
상대를 편안하게 해 주는 배려가 느껴진다면 Manner!

ETIQUETTE

"저 남자 진짜 예의 없다."

공공장소에서 이런 사람, 정말 눈살을 찌푸려하죠.
사회생활에서 기본적으로 지켜야 할 바람직한 규칙이나 행동은 Etiquette!

MANNER 매너

01 He has such good manners.

그 남자 매너가 정말 좋아요.

02 Mind your manners.

네 행동이나 신경 써.

03 Where are your manners?

매너 좀 지키시죠?

04 He has no table manners.

그는 식사 매너가 전혀 없어.

05 Remember your manners.

매너 있게 행동하는 걸 잊지 마세요.

ETIQUETTE 예의, 예절

01 He has no etiquette.

그 사람은 예의가 없어.

02 It is not etiquette to do so.

그렇게 하면 예의에 어긋납니다.

03 Please conform to etiquette in public places.

공공장소에서는 예의를 지키세요.

04 People like you know nothing of cellphone etiquette.

당신 같은 사람들 휴대전화 에티켓이 없군요.

05 Business etiquette is remembering to be respectful to managers.

비즈니스 에티켓은 경영자에게 존경으로 기억된다.

PROMISE

"오빠가 약속할게."

커다란 다이아몬드 반지를 보며 환하게 웃는 여자친구. 남자가 하하 웃으며
꼭 사주겠다고 약속을 하네요. 누군가에게 확실히 무언가를 하겠다고 약속할 때는 Promise!

APPOINTMENT

"의사선생님과 오늘 약속이 되어 있어요."

말끔하게 차려입고 병원까지 찾아온 걸 보니 이 남자, 아주 중요한 약속이 잡혀 있나보군요.
특정 시간이나 장소에서 만나는 공식적인 약속은 Appointment!

PROMISE 비공식적인 약속

01 **I promise you.**

내가 약속할게.

02 **Keep your promise.**

약속은 꼭 지켜.

03 **I'll try but I can't promise.**

노력하겠지만 약속은 못 하겠다.

04 **Don't break your promise.**

네가 한 약속 어기지 마.

05 **A promise is a promise!**

약속을 한 이상 지켜야 한다!

APPOINTMENT 공식적인 약속

01 **I have a doctor's appointment today.**

오늘 의사선생님과 약속이 되어 있습니다.

02 **Sorry I forgot the appointment.**

약속을 잊어서 죄송해요.

03 **I'd like to cancel my appointment.**

약속을 취소하고 싶은데요.

04 **Do you have an appointment here?**

여기서 약속 있으신가요?

05 **I'm sorry. I have another appointment.**

죄송해요. 다른 약속이 있습니다.

CLOCK

"시계 좀 보세요!"

커다란 시계를 새로 구입한 남자. 산뜻한 색의 벽시계만으로도 분위기가 화사해지죠.
벽에 걸거나 실내에 두는 시계를 말할 때는 Clock!

WATCH

"야~ 시계 정말 멋지다."

남자에게 패션의 완성은 시계? 블링블링 시계를 자랑하는 이 남자 표정이 장난 아니군요.
손목에 착용하거나 주머니에 넣어 다니는 작은 시계는 Watch!

CLOCK 벽시계

01 **Look at the clock!**

시계를 봐!

02 **The clock battery is dead.**

시계 건전지가 다 됐어.

03 **The clock is for decoration.**

그 시계는 장식용입니다.

04 **I didn't hear my alarm clock go off.**

난 알람시계가 울리는 것을 못 들었어.

다른 사용법

05 **You can't fool your body clock.**

생체 시계를 속일 수는 없습니다.

WATCH 손목시계

01 It's a nice wrist watch.

손목시계 멋지네요.

02 My watch is out of order.

내 시계 고장 났어.

03 I think my watch is fast.

내 시계가 빠른 것 같아.

04 How much was your watch?

시계는 얼마 주고 샀어요?

05 I can't remember where I put my watch.

시계를 어디에 뒀는지 기억이 안 나.

PHOTO

"사진 잘 나왔다."

사진 찍기 좋아하는 여자가 남자친구와 폴라로이드로 찍은 사진을 정리하고 있어요.
이렇게 카메라로 직접 찍은 사진은 Photo!

PICTURE

"저 그림, 마음에 드네요."

갤러리에서 멋진 그림을 보고 있는 남자. 마음에 쏙 들었나보네요.
일반적으로 사진뿐만 아니라 그림, 영상, 영화 등 광범위하게 사용한다면 Picture!

PHOTO 사진

01 **This photo has come out well.**

사진 잘 나왔다.

02 **This is a photo of our family.**

이것은 저희 가족사진입니다.

03 **Did the photo turn out okay?**

사진 잘 나왔죠?

04 **Do you want to see my photos?**

제 사진들 보시겠어요?

05 **This photo was taken in New York.**

이 사진은 뉴욕에서 찍은 거야.

PICTURE 그림 또는 사진

01 **That picture appeals to my taste.**

저 그림이 마음에 드네요.

02 **Draw a picture to the life.**

실물 그대로 그려주세요.

03 **What do you think of this picture?**

이 사진은 어때?

04 **Would you mind taking a picture of me?**

사진 좀 찍어주시겠어요?

다른 사용법

05 **I get the picture now.**

이제 감이 오네.

PRESENT

"널 위한 선물이야."

여자 친구가 정성껏 준비한 생일선물. 어마어마한 크기에 남자친구 입이 떡! 벌어졌군요.
대가 없이 마음을 전달하기 위해 주는 일반적인 선물은 Present!

GIFT

I received some gift cards.

"나 기프트카드 받았어."

누군가에게 선물을 받았네요. 요즘은 기프티콘, 기프트카드 등 선물의 형태가 아주 다양하죠.
보이는 다양한 선물뿐 아니라 타고난 재능을 표현할 때도 Gift!

PRESENT 일반적인 선물

01 This is a present for you.

널 위한 선물이야.

02 Unwrap your present!

선물을 풀어봐!

03 There is a Christmas present!

크리스마스 선물이 있어요!

04 It's the best birthday present ever.

최고의 생일 선물이에요.

05 Thank you for the nice birthday present.

생일선물 고마워요.

GIFT 선물 또는 재능

01 I received some gift cards.

난 기프트카드 받았어.

02 Here's a little gift for you.

널 위해 작은 선물을 준비했어.

03 It was a gift from my friend.

제 친구가 선물해 준거에요.

04 It was the best gift I ever received.

그것은 내가 받은 것 중에 가장 좋은 선물이었어.

✔️ 다른 사용법

05 He has a gift for languages.

그는 언어에 재능이 있어요.

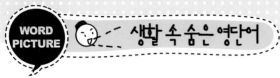

생활 속 숨은 영단어

☑ **HOUSE** ▶
house wine, model house

☑ **HOME** ▶
homestay, home shopping, homepage

☑ **SHOP** ▶
shopping, coffee shop

☑ **STREET** ▶
Street Fighter, street fashion

☑ **ROAD** ▶
road map, road view

WORD
PICTURE

☑ TEST ▶
self test, IQ test, DNA test

DNA test

☑ WORK ▶
workshop, teamwork, network

☑ MANNER ▶
manner mode

Manner mode

☑ PHOTO ▶
photoshop, Photo Zone

Gift set

☑ GIFT ▶
Gifticon, gift card, gift set

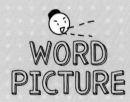

WORD
PICTURE

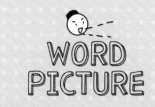

WORD
PICTURE

PART 3

자세히
보아야
안다

GET UP

"주인님! 일어날 시간입니다."

시계가 말을 하고 있죠? 침대에서 눈도 못 뜬 채 기지개만 쭉 켜는 이 남자.
잠자리에서 몸을 일으키는 행동을 표현할 때는 Get up!

WAKE UP!

"정신 좀 차려 봐!"

헤롱헤롱 반쯤 감긴 눈을 보니 이 남자 정말 졸린가 봐요.
단순히 육체적이 아닌 잠에서 깨어나 의식이 돌아올 때는 Wake up!

GET UP 몸이 일어나다

01 It's time to get up.

일어날 시간이에요.

02 Did you get up late?

늦게 일어났어?

03 What time did you get up?

몇 시에 일어났니?

04 I can't seem to get up in the morning.

아침에 일어나지 못할 것 같아요.

05 What time are you gonna get up tomorrow?

너 내일 몇 시에 일어날 거야?

WAKE UP 정신을 차리다

01 Wake up!

정신 차려!

02 Please don't wake me up.

저 깨우지 마세요.

03 Please wake me up at 7:00 o'clock.

7시에 깨워 주세요.

04 Wake me up before you go.

나가기 전에 나 깨워줘.

05 Did you just wake up?

지금 일어난 거야?

PUT ON

이 남자, 외출준비를 하는 걸까요?
주섬주섬 옷을 입고 있네요.
선글라스에 신발까지 무언가를 입고 있는 동작을 중점적으로 말하려 한다면 Put on!

WEAR

드디어 외출 준비를 마치고 멋지게 변신한 남자.
머리부터 발끝까지 완전무장 끝!
무언가를 입거나 몸에 지니고 있는 상태 즉, 이미 걸쳤다는 의미라면 Wear!

PUT ON 입는 동작

01
Put on your shoes.

신발 신어.

02
I have to put on my coat.

코트를 입어야겠어요.

03
What shall I put on today?

나 오늘 뭐 입을까?

04
Put on the helmet for safety.

안전을 위해 헬멧을 쓰세요.

☑ 다른 사용법

05
You don't have to put on make-up. You're pretty.

넌 화장 안 해도 돼. 예뻐.

WEAR 다 입은 상태

01 He did not wear a tie.

그는 넥타이를 매지 않았어.

02 What are you wearing?

너 뭐 입고 있어?

03 I don't want to wear uniforms.

나는 유니폼 입고 싶지 않아.

04 I don't know what to wear today.

오늘 뭘 입어야 할 지 모르겠어.

☑ 다른 사용법

05 I want to wear my hair long.

머리를 길게 기르고 싶어.

HI

"안녕, 내 이름은 휴야."

이 남자의 엄청난 자신감과 여유 있는 미소. 인사 한마디 했을 뿐인데 여자의 시선을 사로잡았군요.
상대방의 얼굴을 직접 보면서 편하게 인사할 때는 Hi!

HELLO

"저기요~ 여기 아무도 없어요?"

흠……. 남겨진 핫초코를 보니 분명 누군가 있었던 것 같은데 아무도 보이지 않네요.
인사말뿐 아니라 누군가의 관심을 끌 때는 Hello!

HI 가볍게 안녕

01 Hi, my name is Hugh.

안녕! 내 이름은 휴야.

02 Hi Cindy! You look great.

안녕 신디! 너 좋아보인다.

03 Hi, Ted! Long time no see.

안녕 테드! 오랜만이야.

04 Hi, how are you feeling today?

안녕, 오늘 컨디션 어때?

05 Hi, Jane! How have you been these days?

안녕 제인! 요즘 어떻게 지내니?

HELLO 안녕하세요

01 Hello, is there anybody here?

저기요, 여기 아무도 없어요?

02 Hello, May I speak to Tom?

여보세요, 탐과 통화할 수 있나요?

03 Hello, hello, hello! Check this out!

어어어! 이것 좀 봐!

04 Say hello when you see my girl friend.

내 여자친구 만나면 정식으로 인사해.

05 Hello, everyone. Let me introduce myself.

안녕하세요, 여러분. 제 소개를 할게요.

ALONE

"제발 날 좀 내버려둬."

쿵쿵! 밖에서 노크를 하고 있는데 표정을 보니 여자는 지금 혼자만의 시간이 필요한 것 같네요.
다른 사람 없이 오로지 혼자를 말할 때는 Alone!

BY MYSELF

"난 혼자 잘 살아."

요리하고 청소하고 영자신문도 읽으며 혼자서 척척 잘 살고 있는 이 남자.
이렇게 누구의 도움 없이 스스로 직접 하는 것을 말할 때는 By myself!

ALONE 혼자

01 **Please leave me alone.**

제발 날 좀 내버려둬.

02 **I feel so alone.**

난 너무 외로워.

03 **You are not alone.**

넌 혼자가 아니야.

04 **It is not for me alone.**

이건 내가 혼자 할 일이 아니야.

05 **I don't want to go alone.**

혼자 가기는 싫어.

BY MYSELF 스스로 직접

01 I live by myself.

난 혼자 잘 살아.

02 I can manage it by myself.

내가 직접 관리할 수 있어.

03 I did it all by myself.

내가 혼자 다 했어.

04 I can do the work all by myself.

이 일은 나 혼자서 할 수 있어.

05 I will take care of it by myself.

내가 알아서 처리할게.

SOMETIME

"언제 점심 한번 먹어요!"

말 한마디 던지고 쿨 하게 돌아서는 소개팅녀. 언제인지 알 수 없는 그때를
남자는 하염없이 기다리겠죠. 정해지지 않은 막연한 언젠가를 말할 때는 Sometime!

SOMETIMES

"가끔 우린 외식을 하죠."

분위기 있는 곳에서 와인과 함께 스테이크를 썰어주는 젠틀한 남편.
가끔 또는 어느 정도의 같은 일이 반복될 때는 Sometimes!

SOMETIME 언젠가

01 **Let's have lunch** sometime!

언제 점심 한 번 먹어요!

02 **Please come by** sometime.

언제 한 번 들르세요.

03 **I will go visit you** sometime.

언제 인사드리러 가겠습니다.

04 **Let's get together** sometime.

언제 한 번 봐요.

05 **I'd love to go there** sometime.

언젠가 그곳에 가고 싶네요.

SOMETIMES 가끔

01 We sometimes eat out.

우린 가끔 외식을 합니다.

02 I think of her sometimes.

가끔 그녀가 생각납니다.

03 Sometimes I skip breakfast.

가끔 아침을 거르기도 합니다.

04 Sometimes I work overtime.

난 가끔 야근해.

05 He is sometimes late for work.

그는 가끔 지각을 합니다.

SEE A MOVIE

와이드 스크린과 빵빵한 입체 돌비 사운드.
그리고 영화관에서 빠질 수 없는 팝콘까지!
일반적으로 영화관에 가서 영화를 보는 것은 See a movie!

WATCH A MOVIE

이게 바로 진정한 솔로들의 휴일 모습이 아닐까요?
음료수와 과자를 깔아놓고 뒹굴뒹굴~
TV나 DVD로 영화 자체를 보는 것은 Watch a movie!

SEE A MOVIE 영화관에서 영화를 보다

01 **Let's go out and** see a movie!

가서 영화나 보자!

02 **We are going to** see a moive **tonight.**

우린 오늘밤에 영화 보러 갈 거야.

03 **I want to** see a movie **with you tonight.**

오늘밤에 같이 영화 한 편 보고 싶은데…….

04 **Would you like to** see a movie **this weekend?**

이번 주말에 영화 보실래요?

05 **Why don't we go out and** see a movie **today?**

오늘 나가서 영화 보지 않을래?

WATCH A MOVIE TV, DVD로 영화를 보다

01 I can't watch a movie **in my car.**

차 안에서는 영화 못 보겠어.

02 I watched a movie **and went to bed.**

나는 영화 한 편 보고 자러 갔어요.

03 I couldn't fall asleep so I watched a movie.

잠이 도저히 안 와서 영화 한 편 봤어.

04 While (I was) watching a movie, I fell asleep.

난 영화 보다가 잠들었어.

05 We're going to watch a movie **on TV tonight.**

우린 오늘 밤에 TV로 영화 볼 거야.

WILL

"어, 엄마! 나 공부할 거야."

신나게 컴퓨터게임 중인데 갑자기 엄마가 문 앞에 딱! 당황하지 않을 수 없죠?
이렇게 계획하지 않고 갑자기 말할 때는 Will!

BE GOING TO

"저 공부하려고요, 엄마!"

안경까지 쓰고 책과 연필까지 싹 다 준비해 놓은 아들의 모습에 신기한 엄마.
이렇게 미리 준비해서 계획하고 말할 때는 Be going to!

WILL

"할머니, 제가 도와드릴게요."

계단을 오르는 할머니의 짐에서 갑자기 감이 후두둑! 학생이 돕기 위해 급히 달려가고 있네요.
이렇게 갑자기 누군가를 도와주게 된다면 Will!

BE GOING TO

“난 누군가를 도와줄 거야.”

학생이 누군가를 도와주려고 작정하고 지나가는 사람들을 둘러보고 있죠.
이렇게 의도적으로 누군가를 도와준다면 Be going to!

WILL

"그냥 내가 계산할게."

주위를 휙휙 둘러보니 가방 정리에, 통화 중인 친구까지…….
어쩔 수 없이 남자가 계산을 하는군요. 이렇게 의도치 않은 상황에서 계산하게 된다면 Will!

BE GOING TO

"그러지마! 저녁은 내가 살 거야."

계산하려는 친구를 작정한 듯 말리며 카드를 내밀고 있는 남자.
이렇게 미리 계산하려고 준비했다면 Be going to!

WILL

"내가 다시 전화할게."

정신없이 요리를 준비하는 새댁. 갑자기 전화가 와서 어깨에 대고 겨우겨우 통화를 하고 있어요.
이렇게 생각지도 못한 상황에서 갑자기 전화를 받는다면 Will!

BE GOING TO

"내일은 비가 올 예정입니다."

귀여운 기상 캐스터님. 우비에 우산 소품, 핀마이크까지 달고 날씨를 전해 주고 있어요.
이렇게 예정대로 준비한 일기예보를 전한다면 Be going to!

WILL 예정에 없던

01 I will study, mom!

엄마, 공부할게요.

02 I will help you.

내가 도와줄게.

03 I will call you back.

내가 다시 전화할게.

04 I will do the best I can.

가능한 한 최선을 다할게.

05 I will go abroad someday.

나는 언젠가 외국에 갈 거야.

BE GOING TO 예정된

01 I am going to study English now.

이제 영어 공부하려고.

02 It's going to rain tomorrow.

내일은 비가 올 예정입니다.

03 I'm going to take TOEIC this Saturday.

나 이번 주 토요일에 토익시험 보려고.

04 We are going to see a baseball game this weekend.

우린 이번 주말에 야구 경기 보러 갈 거야.

05 I'm going to go abroad during coming summer vacation.

나는 이번 다가오는 여름휴가에 외국에 갈 거야.

CAN

"오빠 기타 칠 수 있어."

501 사인 기타를 멋지게 연주중인 남자. 오빠를 바라보는 여자의 눈망울이 반짝반짝 빛나네요.
무언가를 할 수 있다는 가능의 의미로 사용한다면 Can!

CAN ~할 수 있다

01 I can play the guitar.

나 기타 칠 수 있어.

02 I can help you.

내가 너 도와줄게.

03 I can speak English.

난 영어로 말할 수 있어.

04 I can't live without you.

난 너 없이 못살아.

05 I can't wait any longer.

난 더 이상 기다릴 수 없어.

HAVE TO

"지금 집에 가야 해요."

급하게 파티장을 나오는 신데렐라 언니. 그만 한쪽 구두가 벗겨져 버렸네요.
12시가 다 되어 가는데……, 개인적인 일 또는 다짐을 말할 때는 Have to!

자세히
보아야 안다

HAVE TO ~해야 한다

01 I have to go home now.

지금 집에 가야 해요.

02 I have to work.

나 일 해야 해.

03 I have to study hard.

나 공부 열심히 해야 해.

04 I have to make money.

난 돈 벌어야 해.

05 I have to tell you something.

나 너한테 할 말이 있어.

SHOULD

"양치질 해야지!"

사탕을 입에 달고 다니는 우리 아이. 엄마가 걱정하는 마음으로 아이에게 치약까지 쭈욱~
일반적으로 충고 또는 조언을 말한다면 Should!

SHOULD ~하는 게 좋겠다

01 You should brush your teeth.

넌 양치질 하는 게 좋겠어.

02 What should I do?

내가 어떻게 해야 하지?

03 You should think about it.

그것에 대해 생각해보는 게 좋겠어.

04 You shouldn't drink so much.

넌 술을 많이 마시면 안 돼.

05 You should study English every day.

매일 영어 공부 하는 게 좋아.

WOULD

"마실 것 좀 드시겠어요?"

예쁜 승무원이 온 줄도 모르고 침 흘리며 쿨쿨 자고 있는 남자. 엄청 피곤한가 보네요.
누군가에게 정중히 의사를 표현할 때는 Would!

WOULD ~하겠습니다

01 Would you like to something to drink?

음료수 드시겠어요?

02 Would you help me?

도와주시겠어요?

03 I would like to say that.

전 말씀드리고 싶습니다.

04 I would like to know that.

전 알고 싶습니다.

05 Would you like some more coffee?

커피 더 드시겠어요?

MUST

"오빠! 안전벨트 매야지!"

한 손으로 폼 나게 운전하는 남자. 하지만 운전 중 안전벨트 착용은 꼭 지켜야 하는 법!
단순히 충고를 넘어 강한 의무를 말하고자 할 때는 Must!

MUST 반드시 ~해야 한다

01 **You must fasten your seatbelt.**

안전벨트는 반드시 매야 합니다.

02 **You must work out.**

넌 꼭 운동해야 돼.

03 **You must be kidding.**

너 농담 하고 있는 거지?

04 **You must pay attention.**

넌 반드시 주의를 기울여야 해.

05 **You must come back home.**

집에 꼭 돌아와야 해.

BEFORE

바닷가에서 연인이
"나 잡아봐라~"
하는 거 어때요?

어디가 바닷가야?
이게 바닷가야?
느낌이 안 난다. 바꿔!

AFTER

BEFORE

AFTER

BEFORE

hear

"제 말 들리세요?"
이렇게 그렸어요.

오갱끼데스까 같아.
바꿔!

AFTER

I don't want
to hear it!

BEFORE

타이타닉 바다에
빠지는 장면
말씀하셨죠?

안되겠다! 누가 누굴
믿는다고 하는지
헷갈린다. 바꿔!

AFTER

I trust you.

문학과 어학이 만나다

문학출판사에서 어학 책을 낸다는 건 정말 특별한 일입니다.
읽는 이의 마음을 따뜻하게 하는 문학출판사의 모토처럼
저자를 믿고 원고를 흔들어 놓지 않은 점에 대해서
다시 한 번 감사드립니다.

WORD
PICTURE

From.

센스 있는 당신의
유쾌한 영어공부를 위해

To.

W🐾RD PICTURE 워드픽처

오영일 지음

발행처 · 도서출판 **청어**
발행인 · 이영철
영 업 · 이동호
홍 보 · 최윤영
기 획 · 천성래 | 이용희
편 집 · 방세화 | 이서윤
디자인 · 김바라 | 서경아
제작부장 · 공병한
인 쇄 · 두리터

등 록 · 1999년 5월 3일
(제321-3210000251001999000063호)

1판 1쇄 인쇄 · 2014년 9월 10일
1판 1쇄 발행 · 2014년 9월 20일

주소 · 서울특별시 서초구 효령로55길 45-8
대표전화 · 586-0477
팩시밀리 · 586-0478

홈페이지 · www.chungeobook.com
E-mail · ppi20@hanmail.net
ISBN · 979-11-85482-33-0(03740)